GÉNÉALOGIE

MON ARBRE 7 GÉNÉRATIONS À REMPLIR

Archives & Culture

ISBN 978-2-35077-386-5 26 bis rue Paul-Barruel, 75015 Paris – Tél : 01 48 28 59 29
Conception : Marie-Odile Mergnac. Création graphique de la couverture : Martine Fichter. Réalisation intérieure : Cécile Renaudin
Achevé d'imprimer en juin en Chine. Dépôt légal à parution

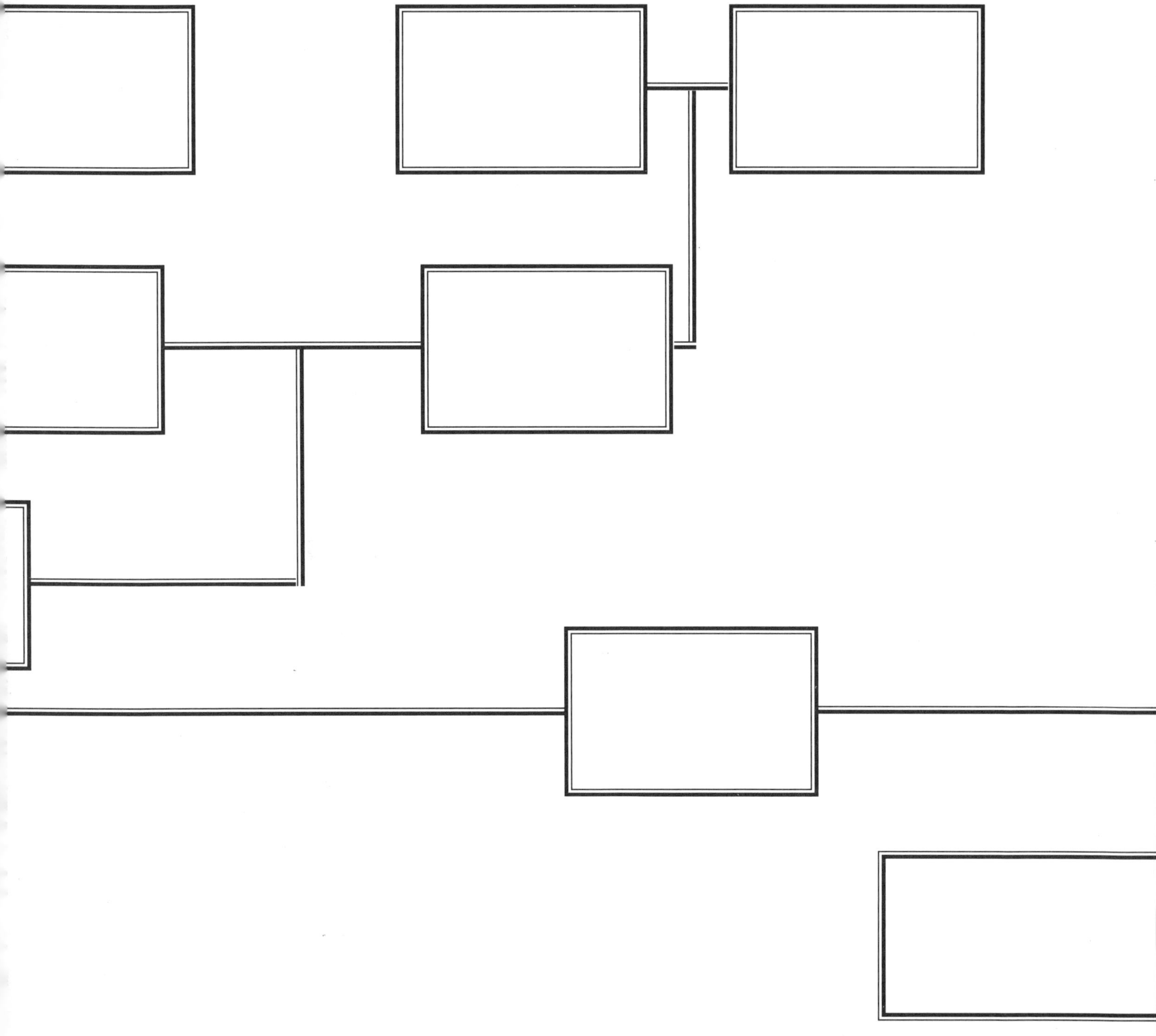

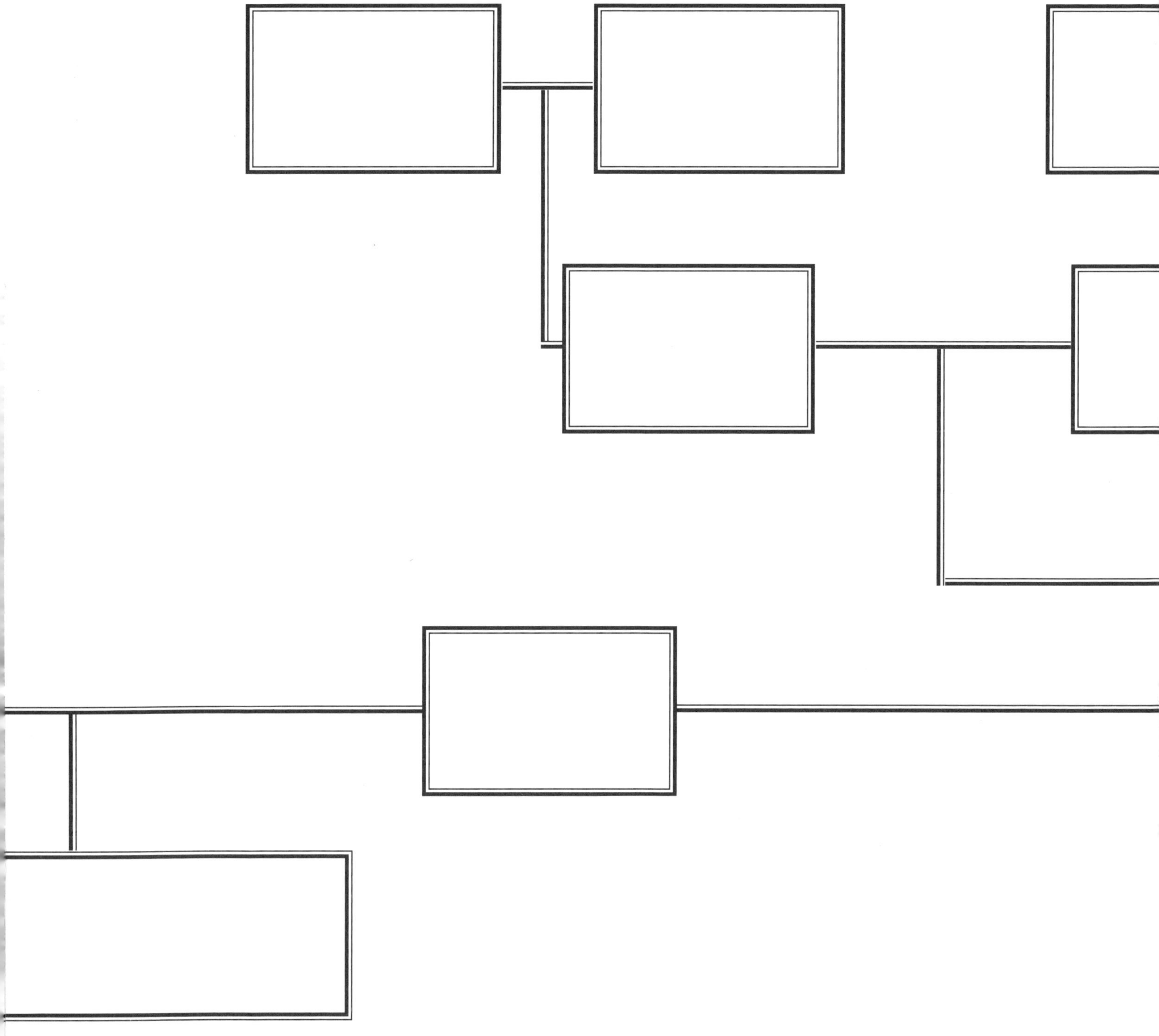

Une règle universelle en généalogie est de placer, dans un schéma d'arbre, l'homme dans la case de gauche, la femme dans celle de droite.

6) Comment remplir la descendance ?

Au-dessous du personnage central, deux générations sont à compléter, celle des enfants et celle des petits-enfants. Cette fois, les cases et les liens de filiation ne sont pas déjà tracés, mais seulement esquissés, puisqu'il est impossible de connaître leur nombre par avance. Le schéma permet de loger 22 personnes sur chaque ligne. Pour une même fratrie, les aînés seront traditionnellement placés à gauche, les plus jeunes à droite.

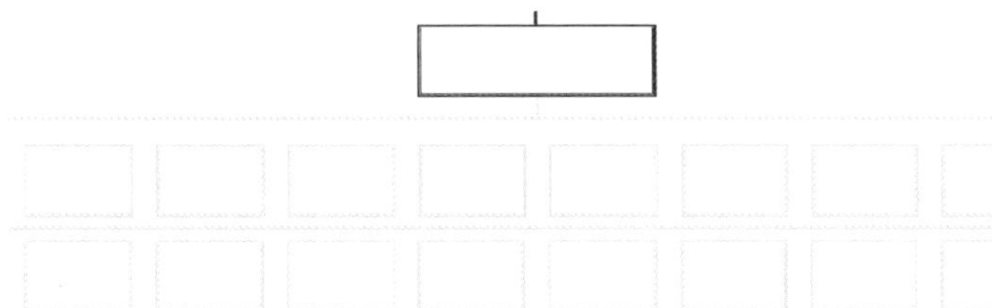

À vous de renforcer les cases et les traits en fonction de votre propre famille. L'arbre ci-dessous affiche par exemple deux enfants mariés, le premier étant remarié.

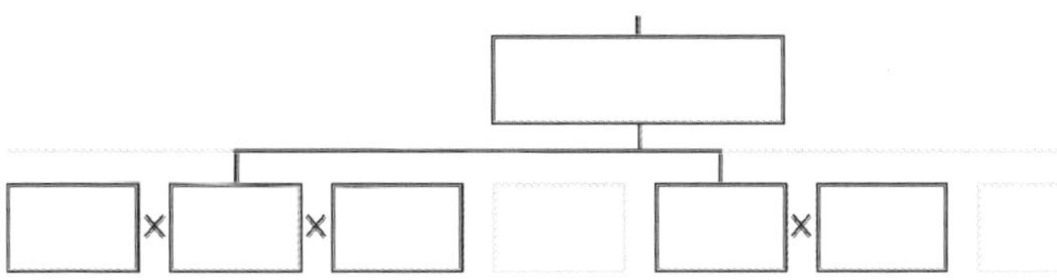

• À la génération des enfants du personnage central, les 22 cases à votre disposition vous permettent de placer :
– au maximum 11 enfants et 11 conjoints si vous conservez le principe des cases individuelles et s'ils n'ont qu'un seul conjoint. Pensez à bien relier les cases des conjoints par le signe x, qui signifie « union » en généalogie ;
– davantage d'enfants si vous inscrivez les conjoints à l'intérieur de leur case.

Si le nombre d'enfants est plus modeste, ce qui est le cas général, ne collez pas pour autant les cases les unes contre les autres. Tenez compte du nombre de petits-enfants à placer au-dessous pour ne pas « coincer » des parents de six enfants entre deux couples n'ayant qu'un rejeton. Bâtissez des écarts suffisants.

• À la génération des petits-enfants du personnage central, selon votre choix pour le personnage central, cette génération est encore en partie à naître ou bien déjà pourvue de nombreux descendants. Dans ce dernier cas (si par exemple le personnage central retenu est l'un de vos grands-parents), les plus jeunes membres de la famille sont absents de l'arbre. Mais les 22 cases permettent au lecteur de bien visualiser les points de départ des différentes branches (donc les cousinages), ce qui est pratique pour se repérer si la famille est nombreuse.

• Comment faire s'il y a plus de 22 petits-enfants à inscrire ? Trois solutions :
– regroupez plusieurs petits-enfants par case (à vous de voir les regroupements les plus astucieux), en ne mettant au besoin que les prénoms et l'année de naissance
– décalez d'une génération votre choix de personnage central pour que ce soit la génération des enfants qui se retrouve tout en bas, le personnage central initialement prévu se plaçant au-dessus avec ses frères et ses sœurs (sans les enfants de ceux-ci s'ils sont trop nombreux) et c'est son père ou sa mère que vous mettez au cœur de l'arbre
– ajoutez des pages A4 de beau papier dans le prolongement de l'arbre, pour y ajouter les petits-enfants au-delà du 22e.

La généalogie

Si cet arbre vous a donné envie de chercher les générations plus haut dans le temps et de retrouver leur histoire, retenez :
– que les archives départementales ont mis en ligne l'état civil ancien des communes de leur département, que les deux grandes bases de données en France sont Geneanet et Filae, et qu'il existe des centaines d'associations locales et bien des centres d'archives spécialisés (liste librement téléchargeable sur www.associationarchivesetculture.com, onglet « Adresses utiles »)
– que le manuel le plus complet, *Généalogie : remonter son arbre par Internet et en Archives*, de Marie-Odile Mergnac, vient de paraître chez Archives & Culture et que cette maison d'édition a publié plus d'une centaine de guides pratiques pour tous les cas rencontrés en généalogie (voir le site www.archivesetculture.org)
– que de courtes vidéos de formation en accès libre sont diffusées chaque vendredi sur la chaîne YouTube Généalogie Archives & Culture. Voir la liste des vidéos déjà parues sur le site de l'association : www.associationarchivesetculture.com, onglet « Vidéos »
– qu'il existe des arbres plus techniques, jusqu'à 15 générations, sur le site de Passion-Généalogie : https://passion-genealogie.fr ; vous y trouverez aussi les étiquettes du bon format
– que des rencontres régulières ont lieu entre passionnés… lorsque la situation sanitaire le permet. Tous les événements sont annoncés sur Geneagenda.org. Le Salon le plus important est celui organisé par la Mairie de Paris 15 et Archives & Culture, avec le partenariat de Geneanet (et de *J'Aime Lire* pour la matinée scolaire), voir www.salondegenealogie.com
Bonnes recherches !

Comment remplir cet arbre ?

L'arbre se construit autour d'une personne précise dont le nom est à noter :
– sur la couverture et le dos du livre,
– sur la page de titre
– et au beau milieu de l'arbre, dans une case double, avec ses parents juste au-dessus.

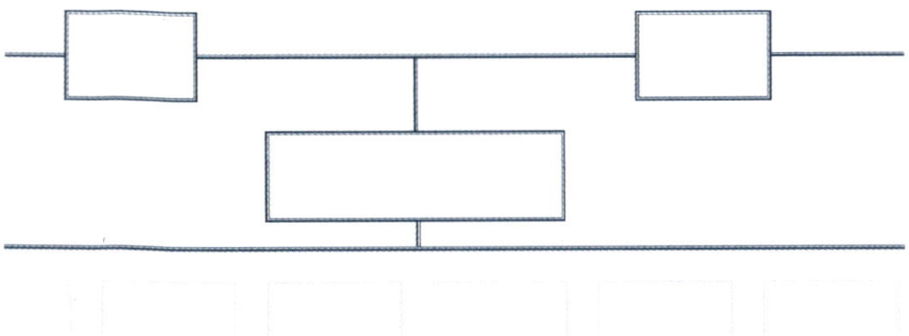

Plus haut encore seront notés ses grands-parents et autres ascendants. Plus bas s'inscriront ses enfants et petits-enfants.

1) Quel personnage central choisir ?

Il est fréquent qu'on centre un arbre autour d'un enfant ou d'un petit-enfant, mais l'arbre est dans ce cas éphémère, obsolète dès la naissance d'un nouveau bébé. Il montre aussi des cases vides car on n'a pas toujours eu le temps de faire la généalogie de son conjoint, de ses gendres, de ses belles-filles…

Donc, même si vous offrez cet arbre à l'occasion du mariage d'un de vos enfants ou de la naissance d'un de vos petits-enfants, ne les prenez pas comme personnages centraux : inscrivez-les dans les générations descendantes. Dans l'idéal, le personnage central, c'est vous, ou l'un de vos deux parents, ou l'un de vos quatre grands-parents.

2) Que mettre dans la case du personnage central ?

La case centrale, celle du personnage retenu, a une dimension double. Elle permet soit d'y placer deux étiquettes (le personnage et son conjoint) soit d'écrire en plus gros davantage d'informations sur le personnage. Cette case peut rester la seule calligraphiée à la main, les autres utilisant des étiquettes imprimées.

Le conjoint peut être inscrit à l'intérieur de la grande case ou placé à côté : il suffit de tracer un cadre ou d'ajouter une étiquette. S'il y a eu plusieurs conjoints, placez-les de part et d'autre de la grande case ; pensez à relier les cases par le signe x, qui signifie « union » en généalogie.

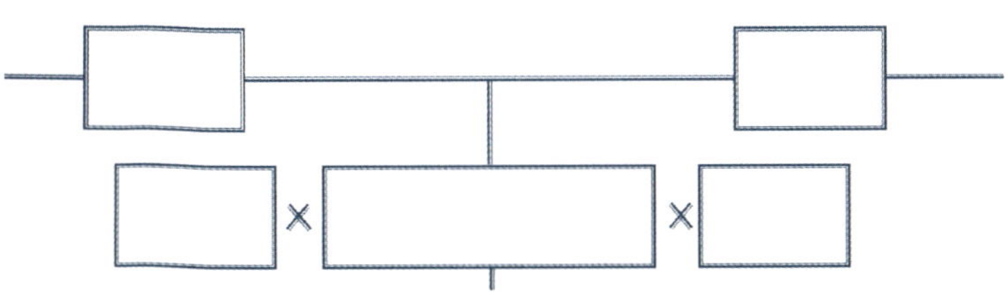

3) Quelles informations dans les autres cases ?

En dehors de la case centrale, celle du personnage retenu, qui a une largeur double, toutes les autres cases ont une dimension de 4,5 cm x 3 cm. Chaque case représente a priori une seule personne (ascendant, enfant ou petit-enfant). Réfléchissez avant de commencer : que voulez-vous noter dans chaque case ? Prénom et nom bien sûr mais ensuite ? Les métiers ? Les dates exactes de naissance, mariage(s) et décès ou seulement les années ? Les lieux de ces événements ou seulement le lieu de vie principal ? Décidez aussi en fonction de votre écriture (grosses lettres ou pattes de mouches).

4) Remplir à la main ou imprimer des étiquettes ?

L'arbre peut être rempli à la main, de préférence en noir. Mais si un remplissage manuel vous effraie, vous pouvez compléter l'arbre avec des étiquettes réalisées chez vous (format 4,5 x 3 cm). Comment faire ?

À partir de planches d'étiquettes autocollantes achetées en papeterie ou sur le site de Passion-Genealogie.fr (il les propose directement au bon format 4,5 x 3 cm), trois solutions :
– vous remplissez ces étiquettes à la main, ce qui vous préserve des erreurs de transcription : il suffit de jeter l'étiquette erronée ou d'en coller une autre par dessus si vous l'aviez déjà placée sur l'arbre
– vous paramétrez un fichier dans votre traitement de texte ou votre logiciel de généalogie pour imprimer les noms voulus sur les étiquettes
– si votre généalogie est informatisée (logiciel ou site Internet), vous pouvez importer votre gedcom dans le logiciel gratuit en ligne Visuged (déjà paramétré pour le format 4,5 x 3 cm des planches de Passion-Genealogie.fr) qui vous imprimera tout au bon format, en noir ou en couleur, avec ou sans photo comme le montrent les deux exemples ci-dessous.

ROUAULT
Jean Marie
Charpentier
° 19.05.1845 Plounez
x 24.06.1868 Paimpol
† 29.04.1911 Paimpol

LAMOUREUX
Marie-Joseph Louise
Ménagère ; Lingère
° 24.10.1844 Paimpol
x 24.06.1868 Paimpol
† 04.12.1919 Paimpol

ROUAULT
Henri
Charpentier
° 1884 Paimpol
x 1911 Pleudaniel
† 1932 Binic

LE FOLL
Marie
Cultivatrice
° 1869 St Hernin
x 1891 St Hernin
† 1928 St Hernin

5) Comment remplir l'ascendance ?

Au-dessus du personnage central, les emplacements sont déjà dessinés car chaque aïeul a un père et une mère, qu'on connaisse leurs noms ou pas. Des lignes suivent les filiations.

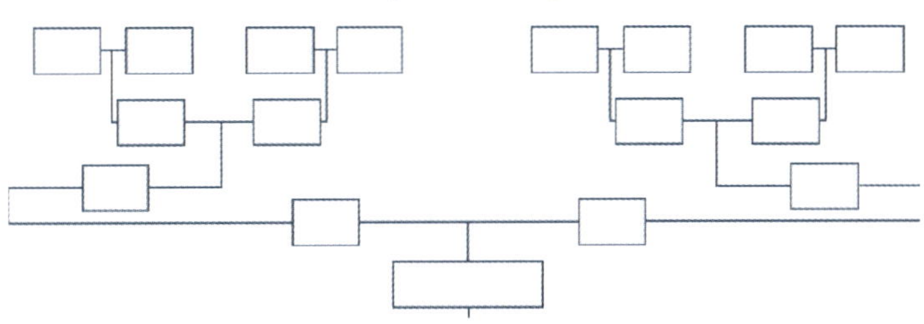

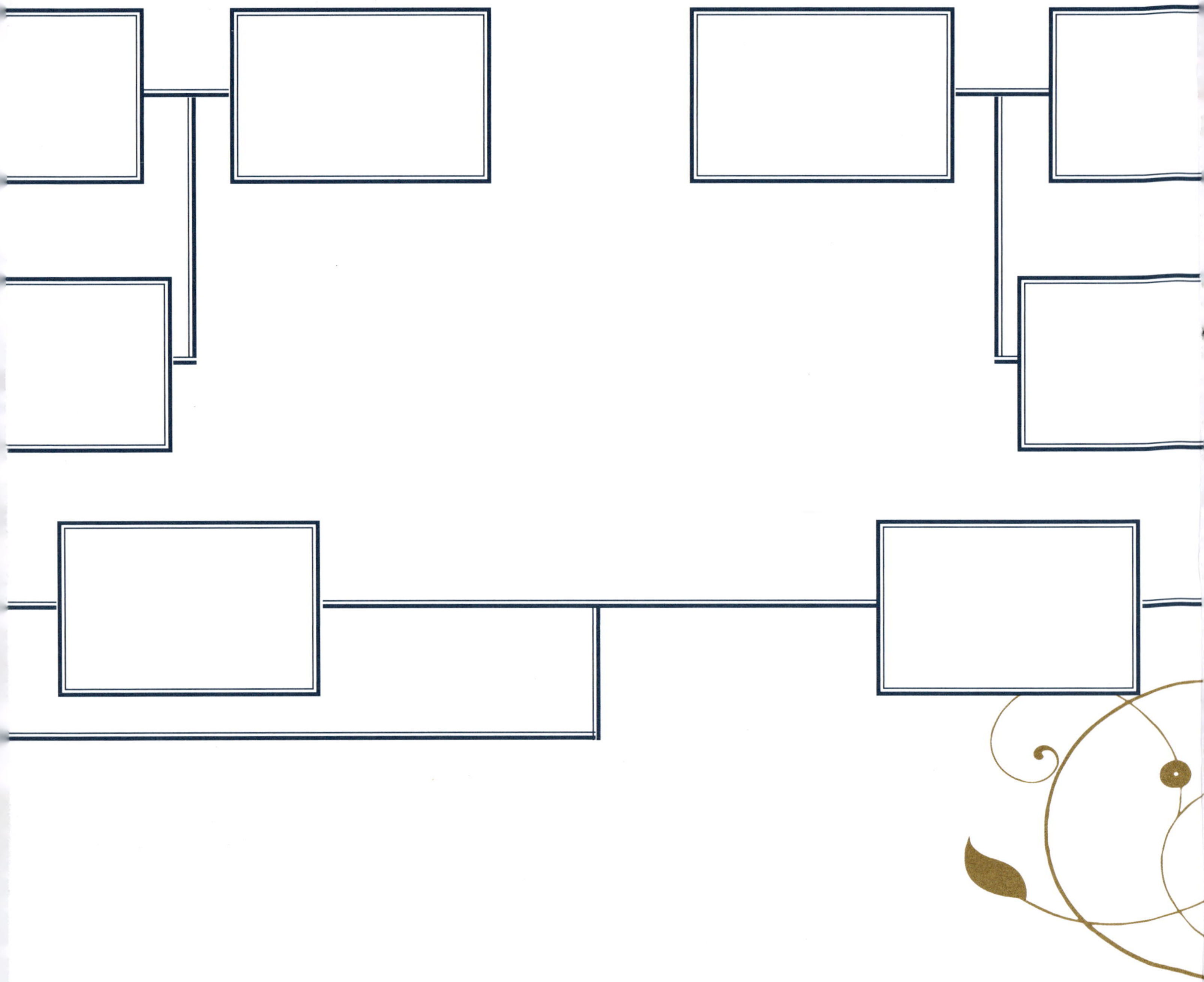